Sozialpsychologie. Eindrucksbildung im Bewerbungsprozess. Abmildernde Maßnahmen für Fehlereinschätzungen

GRIN ☺

Bibliografische Information der Deutschen Nationalbibliothek:

Die Deutsche Nationalbibliothek verzeichnet diese Publikation in der Deutschen Nationalbibliografie; detaillierte bibliografische Daten sind im Internet über http://dnb.d-nb.de abrufbar.

ISBN: 9783346761415
Dieses Buch ist auch als E-Book erhältlich.

Druck und Bindung: Books on Demand GmbH, Norderstedt Germany
Gedruckt auf säurefreiem Papier aus verantwortungsvollen Quellen

Das vorliegende Werk wurde sorgfältig erarbeitet. Dennoch übernehmen Autoren und Verlag für die Richtigkeit von Angaben, Hinweisen, Links und Ratschlägen sowie eventuelle Druckfehler keine Haftung.

Das Buch bei GRIN: https://www.grin.com/document/1297405

Einsendeaufgabe

Sozialpsychologie

SRH Fernhochschule

Modul:

Sozialpsychologie

Studiengang:

Psychologie B.Sc.

Inhaltsverzeichnis

1 Abkürzungsverzeichnis

bzw.	beziehungsweise
z. B.	Zum Beispiel
Vgl.	vergleiche

2 Abbildungsverzeichnis

3 Vermerk

Aus Gründen der Lesbarkeit wird das generische Maskulinum eingesetzt. Frauen- und andere Geschlechtsidentitäten sind explizit einzubeziehen, sofern dies für die Behauptung erforderlich ist.

4 Einleitung

Die erforderlichen Fähigkeiten für eine zu besetzende Arbeitsstelle variieren je nach strategischer Ausrichtung, Branche und Funktion eines Unternehmens. Der Rekrutierungsprozess sollte eine konzeptionelle Betrachtung der verschiedenen Schritte umfassen: Methodik und Stellenausschreibungen - Antworten auf eingegangene Bewerbungen - Vorauswahl- und Auswahlverfahren bis hin zur Einstellungsentscheidung (dabei können Interviews, Testverfahren oder Assessments eingesetzt werden).

Hierbei müssen Vorgesetzte schnell einschätzen, wie gut sich Bewerbern für eine vakante Position eignen. Dies erfordert insbesondere die Fähigkeit, berufsadäquate Kriterien systematisch erheben zu können, wie beispielsweise das Führen von strukturierten Interviews.[1]

Bei der Suche und Auswahl von Mitarbeitern können Fehlentscheidungen sowohl aus menschlicher als auch aus wirtschaftlicher Sicht weitreichende Folgen haben. Daher muss die Personalauswahl als systematischer und transparenter Prozess gestaltet werden, der eine breite, differenzierte und effektive Entscheidungsgrundlage schafft.[2]

Menschen bilden sich ständig Meinungen über andere, finden ihre Persönlichkeit heraus, ziehen Schlussfolgerungen darüber, warum sie so sind, wie sie sind, und warum sie sich so verhalten. Diese soziale Wahrnehmung ist der Prozess, durch den Menschen Informationen über andere sammeln und interpretieren, wobei das Verhalten eines Menschen verstanden und kategorisiert werden kann. Damit eine vakante Position mit einem optimalen Bewerber besetzt werden kann, ist ein Verständnis für die soziale Wahrnehmung von hoher Relevanz, so dass sich Vorgesetze nicht zu sehr von voreiligen negativen oder positiven Eindrücken ablenken lassen.

Es existieren viele verschiedene Phänomene bei der sozialen Wahrnehmung, die bei der Eindrucksbildung auch unabhängig von einer persönlichen Begegnung eine wichtige Rolle spielen.[3]

Schließlich ist ein menschliches Urteilsvermögen sehr subjektiv und der Prozess der Personalauswahl darf nicht fehleranfällig werden, da jede Personalbeschaffung mit erheblichen volkswirtschaftlichen Kosten einhergeht.[4]

---

[1] Vgl. *Lippmann et al.* (2019), S. 519.
[2] Vgl. *Steiger/Lippmann* (2013), S. 51.
[3] Vgl. *Orth et al.* (2017), S. 73.
[4] Vgl. *Lippmann et al.* (2019), S. 517.

4.1 Zielsetzung

Das Ziel besteht darin, die verschiedenen Faktoren, die einen Einfluss auf die Eindrucksbildung im Bewerbungsprozess haben, näher zu betrachten.
Aus diesem Grunde wird versucht, die folgenden Fragen zu beantworten:

- Welche möglichen Fehler können Vorgesetzten bei der Personalauswahl unterlaufen?
- Was für Maßnahmen können getroffen werden, damit eine objektive Sichtweise
erreicht werden kann?

4.2 Aufbau der Arbeit

Diese Arbeit gliedert sich in fünf Kapitel. Im Anschluss an diese Einleitung werden in
Kapitel zwei Faktoren näher beleuchtet, die im Bewerbungsprozess einen Einfluss auf
die Eindrucksbildung ausüben. Intendiert wird darin die Erörterung diverser Phänomene.
In Kapitel 3 liegt der Fokus auf der Attributionstheorie. Daran anknüpfend, wird auch die
Theorie von Kelly näher vorgestellt.
Zur Vermeidung von Fehlern in der Eindrucksbildung werden in Kapitel vier die Maßnah-
men dagegen thematisiert. In Kapitel 5 erfolgt ein Resümee der wichtigsten Erkenntnisse
in einem Schlusswort.

5 Eindrucksbildung im Bewerbungsprozess

Wir sind nie allein. Jeden Tag begegnen wir anderen Menschen, egal ob Fremden, Bekannten, Freunde oder Familienmitglieder. Wir knüpfen Kontakte, verlieben uns oder hassen uns.[5]

Als soziale Wesen streben Menschen danach, das Verhalten anderer zu verstehen und zu erklären.

Dieser Vorgang wird in der Sozialpsychologie als „soziale Wahrnehmung" definiert. Der Eindruck von einer anderen Person wird maßgeblich von dieser Person und ihrem Verhalten sowie ihren Eigenschaften bestimmt.

Unser Bild von den Charakteristika anderer hängt von vielen Faktoren ab, die generell oftmals nicht im Bewusstsein verankert sind. Beispielsweise beeinflusst der Inhalt zuvor aktivierter Erinnerungen die Eindrücke von anderen Menschen. Ferner ist die Reihenfolge, in der Informationen von anderen empfangen werden, bedeutend. Selbst wenn die Informationen bei zwei Personen identisch sind, variieren die Eindrücke dieser, wenn die Informationen in einer anderen Reihenfolge präsentiert werden. Wenn wir Informationen über das Verhalten anderer Personen erhalten, spiegelt dies nur einen Teil ihrer Persönlichkeit wider. Die Lücken werden mit den Informationen gefüllt, welche gefüllt werden müssen. In diesem Kontext wird davon ausgegangen, dass einige Persönlichkeitsmerkmale zufällig oft mit anderen einhergehen, sodass das Wissen über ein Merkmal Rückschlüsse auf die anderen Merkmale einer Person gewähren kann.[6]

Schließlich prägen Einstellungen, Emotionen, Erwartungen und Absichten einer Person die Wahrnehmung. Es existieren in der Psychologie unterschiedliche Phänomene in der sozialen Wahrnehmung, die auch unabhängig von persönlichen Begegnungen eine wichtige Rolle bei der Bildung von Eindrücken spielen.[7]

Diese können sowohl positive als auch negative Auswirkungen auf den Bewerbungsprozess haben.

Bei der Anwendung treten oft unterschiedliche Wirkungen und Phänomene gleichzeitig auf oder wiederholen sich an verschiedenen Stellen im Prozess.

---

[5] Vgl. *Kessler/Fritsche* (2018), S. 1.
[6] Vgl. *Greitemeyer* (2012), S. 52.
[7] Vgl. *Orth/Koch* (2017), S. 73-77.

Folgende Phänomene können den Einstellungsprozess beeinflussen (diese Liste erhebt keinen Anspruch auf Vollständigkeit):

- Primacy-Effekt
- Recency-Effekt
- Similar-to-me-Effekt
- Halo-Effekt
- Babyface
- Beauty-is-good-Annahme
- Vertrautheit (familiarity)
- Assoziation mit Positivem oder Negativem
- Soziale Stereotype & Vorurteile
- Rosenthal-Effekt
- Selektive Wahrnehmung[8]

5.1 Fall 1: Eindrucksbildung beim Betrachten von Bewerbungsunterlagen

Die Personalauswahl ist wie ein „Torwächter" der sicherstellt, dass nur diejenigen in die Unternehmung aufgenommen werden, die den Anforderungen der vor ihnen liegenden beruflichen Aufgaben wirklich gerecht werden. Angesichts dieser Bedeutung ist es nicht verwunderlich, dass die Psychologie auf mehr als 50 Jahre Forschung zurückblicken kann mit tausenden empirischen Studien.[9]

Auf neuronaler Ebene werden erste Eindrücke hauptsächlich von der Amygdala und dem hinteren cingulären Cortex verarbeitet und 26 bis 39 Millisekunden später gebildet. Nach 150 Millisekunden wird intern entschieden, ob eine Person sympathisch erscheint oder nicht. Ein erster Eindruck entsteht je nach Quelle in sieben bis zu zehn Sekunden. Psychologen bezeichnen diesen Formationseffekt als „Primacy-Effekt": Was zuerst wahrgenommen wird, ist weitaus beeindruckender als das, was zu einem späteren Zeitpunkt wahrgenommen wird. Noch wichtiger ist, dass der erste Eindruck als Vorbereitungsfaktor fungiert, der den Weg für nachfolgende Informationen ebnet, die auf neuronaler Ebene verarbeitet werden und als Filter für unsere Wahrnehmung dienen. Wenn die folgenden Informationen dem ersten Eindruck gerecht werden, werden diese schneller, einfacher und stärker betont wahrgenommen.

---

[8] Vgl. *Orth/Koch* (2017), S. 73-90.
[9] Vgl. *Kanning* (2019), S. 306.

Erfolgt dies nicht, besteht die Tendenz, sie zu ignorieren, zu unterdrücken oder als irrelevant zu erfassen und auszusortieren, was eine neutrale Beurteilung von Bewerbern jedoch erschwert. Sobald Informationen auf dem Abstellgleis landen, gibt es kaum eine Chance, dass die dort herauskommen. Das Unterbewusstsein agiert in dieser Hinsicht nicht politisch korrekt.

Ist der erste Eindruck erst einmal gebildet, kann es bis zu sechs Monate dauern, um diesen wieder zu revidieren.

Insbesondere bei der Sichtung von Bewerbungsunterlagen ist durch dieses erste Urteil eine schnelle Herangehensweise möglich, wodurch der Bewerbungsprozess beschleunigt werden kann und die Zielerreichung in greifbare Nähe rückt. Nicht zu unterschätzen sind die Fehlentscheidungen, die aufgrund von Fehleinschätzungen entstehen können. Es geht darum, dass Informationen besser erinnert werden können, die beim ersten Mal bereitgestellt werden, als an alles dazwischen. Dies bedeutet für die Beurteilung, dass der erste Eindruck oft dominiert und die vor einer Beurteilung gemachten Beobachtungen nachhaltig wirken.[10]

Eng mit dem Primacy-Effekt ist der Recency-Effekt verbunden. Hierbei handelt es sich auch um einen Gedächtniseffekt. Neben der erwähnten Ausgangsposition hat auch die Endposition einen starken Einfluss auf die Gedächtnisleistung. Beispielsweise wird auf das zuletzt Gesagte verstärkt geachtet. Daraus können bei Mitarbeiterbeurteilungen Bewertungsfehler resultieren. Denn es erscheint nur die letzte Impression des Bewertungszeitraums.[11]

Dieser Effekt tritt beispielsweise auch beim Betrachten von Unterlagen potenzieller Bewerber nacheinander in Erscheinung. Die letzte Betrachtung der Unterlagen, die einen negativen oder positiven Eindruck hinterlassen, verbleibt im Kurzzeitgedächtnis. Dies könnte dazu führen, dass ein Kandidat abgelehnt oder ein anderer bevorzugt behandelt wird, ohne sämtliche Bewerbungen zu berücksichtigen.[12]

Vorurteile als auch Stereotype entstehen in vielen Aspekten des menschlichen Lebens. Menschen neigen dazu, sich ihre eigene Welt leicht zu machen und Mitmenschen vorschnell zu kategorisieren.

Der Grund dafür liegt in der Regel darin, dass Menschen sich darum bemühen, sich komplexe Umgebungen so einfach wie möglich zu gestalten. So kann die Zuweisung von Personen zu bestimmten Gruppen mit entsprechenden charakteristischen Zugehörigkeiten der Vereinfachung und auch der sozialen Orientierungshilfe dienen. Auf diese Weise können sowohl das Verhalten als auch die Einstellungen anderer zumindest subjektiv besser beschrieben und prognostiziert werden.

---

[10] Vgl. *Lippmann et al.* (2019), S. 577.
[11] Vgl. *Orth/Koch* (2017), S. 73.
[12] Vgl. *Fischer et al.* (2013), S. 89-91.

Stereotypen erweisen sich als besonders nutzbringend in Situationen, in denen nur wenige Ressourcen zur Verfügung stehen, wie beispielsweise unter hoher kognitiver Belastung. Stereotype sind hauptsächlich kognitiver (psychologischer) Natur. Das heißt, sie hängen damit zusammen, wie andere Menschen aufgrund ihrer Zugehörigkeit zu einer Gruppe wahrgenommen werden. Stereotypen (z. B: Alle Italiener lieben Espresso und Eis!) sind gängige Zuschreibungen an gewisse Eigenschaften und Merkmale der Mitglieder einer Gruppe. Eine Differenzierung zwischen den einzelnen Gruppenmitgliedern bleibt unberücksichtigt. Diese können entweder negativ, neutral oder positiv sein, sodass Stereotypen nicht unbedingt mit feindseligen Emotionen oder negativem Verhalten verbunden sind.[13]

Mit dem Vorurteil sieht es hingegen etwas anders aus. Ein Vorurteil ist die negative Bewertung und negative Einstellung gegenüber Menschen, nur weil sie einer bestimmten Gruppe angehören. Im Vergleich zu Stereotypen liegt die Konzentration von Vorurteilen auf negativen emotionalen Komponenten.[14]

In seiner klassischen Vorurteilskonzeption hat Allport diese affektive Dimension im Jahr 1954 betont. So kennzeichnen sich Vorurteile durch eine negative oder gar feindselige Haltung gegenüber bestimmten Gruppen und deren Mitgliedern.

Beispielsweise würde eine Person mit Vorurteilen alle Golfer nicht nur als wohlhabend und oberflächlich wahrnehmen, sondern sie auch negativ beurteilen oder negativ beurteilen.

Vorurteile richten sich – genau wie Stereotypen – entweder gegen eine einzelne Person aufgrund ihrer Gruppenzugehörigkeit oder gegen eine Gruppe als Ganzes. Jedoch sind Vorurteile aufgrund ihrer starken negativen Valenz richtungsweisend, während Stereotypen positiv oder neutral sein können.[15]

Vorwissen und Erwartungen können den Prozess beeinflussen, wie Informationen bewusst und unbewusst verarbeitet werden und worauf die Aufmerksamkeit gerichtet wird. Selbsterfüllende Prophezeiungen sind das markanteste Beispiel. Bei der Annahme, dass jemand für eine Aufgabe inkompetent ist, werden Informationen wahrgenommen, die die eigenen Erwartungen bestätigen. Gegenteilige Informationen werden dagegen systematisch ausgespart. Da basierend auf diesen Informationen, ein Feedback gegeben wird, verstärkt sich auch das erwartete Verhalten.[16]

Dieser Effekt wird als Rosenthal-Effekt bezeichnet. Zu einer Zeit, als in der Psychologie noch vielfach an Mäusen geforscht wurde, stellte Rosenthal (1976) seinen Mitarbeitern viele Versuchsmäuse derselben Rasse zu Forschungszwecken zur Verfügung.

---

[13] Vgl. *Fischer et al.* (2013), S. 97-98.
[14] Vgl. *Greitemeyer* (2012), S. 111.
[15] Vgl. *Fischer et al.* (2013), S. 99-100.
[16] Vgl. *Lippmann et al.* (2019), S. 13.

Er pries die Mäuse einer Gruppe von Mitarbeitern als eine besonders wertvolle Rasse, die sehr schnell und effizient lernen könne. Einer anderen Gruppe von Mitarbeitern schilderte er das Gegenteil, nämlich dass die Mäuse nicht besonders schlau seien und es ihnen Schwierigkeiten bereiten könnte, einfache Dinge zu erlernen. Tatsächlich zeigten Mäuse, die als intelligent dargestellt wurden, bessere Lernergebnisse als Mäuse, die als dumm bezeichnet wurden. Dabei beeinflussten die Erwartungen der Teilnehmer, dass die angeblich intelligenteren Mäuse, auch eine hohe Leistung erzielt haben.[17]

Übertragen auf die Sichtung der Bewerbungsunterlagen führt dies dazu, dass Arbeitgeber bei einer positiv wahrgenommenen Bewerbung auf weitere positive Attribute achten. Negative Aspekte werden dabei ausgeblendet.[18]

Ferner dürfen Sympathie und Antipathie nicht ignoriert werden.

Dabei fungieren Sympathie und Abneigung an sich nicht als Fehleinschätzungen. Problematisch wird es erst dann, wenn Wahrnehmungsfilter im weiteren Umgang mit diesen Menschen bestehen.[19]

So kann sich beispielsweise rasch ein Sympathiefehler einschleichen, wenn eine persönliche Beziehung zum Firmeninhaber besteht. Dieser führt zu einem verschwommenen Urteilsvermögen und einer beeinträchtigten Objektivität.[20]

5.2 Fall 2: Eindrucksbildung beim Interview

In den meisten Unternehmen gelten Einstellungsgespräche als wichtigste Methode zur endgültigen Auswahl von Kandidaten, obgleich es sich um angehende Praktikanten oder Führungskräfte handelt. Daher wird der Qualität von Einstellungsgesprächen ein entscheidender Stellenwert beigemessen. Die Verantwortlichen vertrauen beispielsweise auf ihre Menschenkenntnis, Intuition oder Erfahrungen. Zahlreiche Studien haben jedoch gezeigt, dass wir andere Menschen systematisch verzerrt wahrnehmen, wenn der Fokus, etwa bei der Beurteilung von Bewerbern, verstärkt auf der Intuition liegt.

Eine erste Einschätzung findet dann statt, sobald eine Person die andere wahrnimmt.

Viele der Informationen, die in unser Wahrnehmungssystem einfließen, werden nicht bewusst wahrgenommen. Dadurch wird der Organismus vor kognitiver Überlastung geschützt. Infolgedessen werden Informationen selektiv herausgefiltert und können somit nur selektiv in die bewusste Urteilsbildung integriert werden.

Dieser Vorgang wird als «selektive Wahrnehmung» bezeichnet. So werden

---

[17] Vgl. *Felser* (2015), S. 433.
[18] Vgl. *Werth et al.* (2020), S. 290-292.
[19] Vgl. *Stanjek* (2020), S. 165.
[20] Vgl. *Kitzmann* (2009), S. 98.

beispielsweise ungewöhnliche Informationen oder Informationen bezüglich der beurteilenden Personen herausgefiltert.[21]

Im ersten Moment einer Begegnung entsteht anhand der Mimik innerhalb von Millisekunden der erste Eindruck einer anderen Person. Menschen mit säuglingsähnlichen Gesichtszügen (Babyfaces), die große runde Augen, kurze Nasen, eine hohe Stirn und ein kurzes Kinn besitzen, wirken weniger dominant, unschuldig und warmherzig.

Dagegen wird ein Mensch mit einer hohen oder lauten Stimme als extrovertierter wahrgenommen.[22]

Ein weiterer Effekt zeigt sich, sobald eine Begegnung stattfindet.

So werden attraktive Menschen mit positiveren Charakteristiken wie Talent, Ehrlichkeit oder Intelligenz oft besser oder bevorzugt behandelt als unattraktive Menschen.

Dieser Beauty-is-good-Effekt erweist sich angesichts der Diskriminierung von Personen, die in ihrer Gesellschaft als unattraktiv gelten, als besonders problematisch.[23]

Diese Annahme findet beispielsweise auch in der Bewertung der Leistungen von Professoren statt. Professorinnen und Professoren, die von den Studierenden als attraktiv eingestuft wurden, erhielten bessere Lehrevaluationen als Professorinnen und Professoren, die es nicht waren. Schöne Menschen sind unserer Meinung nach klüger, erfolgreicher, freundlicher und glücklicher als andere, auch wenn diese Einschätzungen nicht objektiv begründet sind.

Übertragen auf das Interview, kann dies bedeuten, dass ein attraktiver Bewerber ohne Berücksichtigung weiterer Fakten direkt als qualifiziert eingestuft wird.[24]

Der Maßstab, nach dem Menschen andere beurteilen, sind oft sie selbst.

Menschen, die einem selbst ähnlich sind oder ähnliche Eigenschaften aufweisen, gelten als vertrauenswürdiger und sympathischer. Dieser psychosoziale Mechanismus veranlasst verantwortliche Personen dazu, Kandidaten einzustellen, die ihnen in Bildung, Beruf, Gewohnheiten oder Dialekt ähnlich sind. Dieser Bewertungsfehler wird auch als Similar-to-me-Effekt bezeichnet. Um diesen Ähnlichkeitsfehler zu umgehen, müssen Verantwortliche die Wertschätzung und Offenheit gegenüber Fremdem und Veränderung ebenso wie die Fähigkeit, eigene Werte, Normen und Vorurteile zu hinterfragen, besitzen.[25]

Vertrautheit wirkt sich auch auf die Eindrucksbildung aus. Je bekannter eine andere Person erscheint und je öfter diese Person gesehen wurde, desto positiver ist ihr Eindruck. Dies gilt, wenn die Interaktion stattfindet, aber auch, wenn nur Sichtkontakt besteht.[26]

---

[21] Vgl. *Kanning* (2019), S. 319-322.
[22] Vgl. *Orth et al.* (2017), S. 75.
[23] Vgl. *Werth et al.* (2020), S. 239-242.
[24] Vgl. *Möller* (2013), S. 21.
[25] Vgl. *Dreas* (2019), S. 54.
[26] Vgl. *Orth et al.* (2017), S. 76.

Nicht zu unterschätzen ist auch der Halo-Effekt, der einen Wahrnehmungs- oder Bewertungsfehler darstellt. In diesem Kontext wird eine Wahrnehmungseigenschaft auf andere Wahrnehmungseigenschaften ausgestrahlt, sodass ihre Positivität oder Negativität auf andere Bereiche übertragen wird. Wenn zum Beispiel jemand als fleißig wahrgenommen wird, sind andere Menschen eher davon überzeugt, dass diese Person auch verantwortungsbewusst und klug ist. Alle anderen Bewertungen für diese Person basieren auf dieser einen Einschätzung.[27]

Ein scheinbar trivialer Einflussfaktor ist schlussendlich auch die Assoziation mit etwas Positivem oder Negativem. Personen, die mit positiven Ereignissen in Verbindung gebracht wurden, wurden positiver und beliebter bewertet als Personen, die mit negativen Ereignissen in Verbindung gebracht wurden.[28]

5.3 Zusammenfassung

Wenn Menschen andere Menschen treffen, beispielsweise bei einem Geschäftstreffen oder einen neuen Kunden, wissen sie normalerweise wenig oder gar nichts über die andere Person. Sie wissen nur, was sie sehen und hören. Diese für uns leicht zugänglichen Informationen sind jedoch sehr wichtig und entscheidend für den ersten Eindruck. Innerhalb von Sekunden haben wir uns einen ersten Eindruck von unserem Gegenüber gebildet, wobei der erste Eindruck schwer zu ändern ist.

Begegnen sich zwei Menschen zum ersten Mal, erstellt jeder von ihnen durch wenige Eindrücke schnell ein komplexes Gesamtbild des anderen, das nach einer Weile nicht nur sein Aussehen, sondern auch seine Eigenschaften beinhaltet.[29]

Die soziale Wahrnehmung umfasst den Prozess, sich durch den Menschen Eindrücke über das Verhalten und die Eigenschaften anderer zu bilden. Die Eindrucksbildung wird beeinflusst durch den Inhalt der zuvor aktivierten Erinnerung, die Reihenfolge, in der Informationen präsentiert werden, und die Vermutungen des Betrachters.

Dabei ist die persönliche Wahrnehmung ein höchst persönlicher Prozess.[30]

Wer sich nicht selbst prüft, dem können allerlei Fehleinschätzungen unterlaufen.

Dies, obwohl sie als scheinbar logische Systeme fungieren, die dabei helfen, Wahrnehmungen und Urteile zu organisieren und zu strukturieren.

Insbesondere in der frühen Phase des Personalauswahlprozesses ereignen sich des Öfteren solche Fehleinschätzungen, die nicht korrigiert oder bewusst wahrgenommen

---

[27] Vgl. *Felser* (2015), S. 143.
[28] Vgl. *Orth et al.* (2017), S. 75.
[29] Vgl. *Stanjek* (2020), S. 163.
[30] Vgl. *Greitemeyer* (2012), S. 51.

werden. Daher ist es ratsam für Unternehmen, Vorsicht bei der Selektion der Kandidaten walten zu lassen.[31]

Dazu können sich in den Bewerbungsgesprächen verschiedene Effekte zeigen, da es sich hierbei um komplexe soziale Interaktionen handelt.

Schließlich folgt der menschliche Verstand Heuristiken sowie Plänen, Abkürzungen, Routinen und Schubladen, um die Informationsflut um sie herum in überschaubare Kanäle zu lenken. Aus diesen erwähnten Gründen sollen Arbeitgeber prüfen, inwieweit unausgesprochene Annahmen über Menschen im Allgemeinen und Einzelpersonen im Besonderen getroffen werden.

Schließlich gilt es, Menschen möglichst objektiv zu beurteilen, auch wenn dies nicht immer möglich ist. Aber bereits eine Sensibilisierung für dieses Thema kann einfach dazu beitragen, die negativen Auswirkungen der vorgestellten Phänomene signifikant zu reduzieren.[32]

---

[31] Vgl. *Kanning* (2015), S. 91.
[32] Vgl. *Rosner* (1996), S. 14-15.

6 Attribution

Menschen ergründen stets das „Warum" von Dingen, die ihnen widerfahren sind.

Diese sogenannte Kausalzuschreibung ist oft schematisch und verzerrt: Damit der Mensch nach kognitiver Konsistenz strebt und sich ein positives Selbstwertgefühl bewahrt. Daher wird generell versucht, den persönlichen Erfolg auf das Können und den Misserfolg auf die Gelegenheit zurückzuführen. Das Wort „Attribution" bedeutet Zuschreibung, wird aber in der Psychologie meist im Zusammenhang mit kausaler Attribution verwendet. Die Attributionstheorie basiert auf der Annahme, dass Menschen kausale Erklärungen für das finden müssen, was um sie herum (und sich selbst) passiert. Attribution ist die Antwort auf die Warum-Frage und damit Teil der Alltagstheorie, mit der Laien erklären, wie die Welt funktioniert. Diese wiederum wurzelt im Grundbedürfnis nach Kontrolle und Berechenbarkeit sowie nach Ordnung und Kontingenz.[33]

Als Beispiel kann die Verabredung zwischen zwei Freunden angeführt werden.

Die eine Person erschient zur verabredeten Zeit, während der andere Freund eine halbe Stunde zu spät kommt, wobei der Film bereits begonnen hat. Bei der pünktlichen Person tauchen Fragen auf, ob die Verspätung selbstverschuldet war oder es besondere Umstände gab.[34]

Versuche, Gründe für das Handeln anderer und sich selbst zu finden, und die Art und Weise, wie dies geschieht, sind Gegenstand der kausalen Attributionstheorie.[35]

Der ursprüngliche Begriff, auf den sich alle Attributionstheorien zurückführen lassen, stammt von Fritz Heider (1944, 1958). Er vertrat die These, dass die Grundlage jeder menschlichen Beziehung eine Analyse der Handlungen von Menschen auf der Grundlage ihrer naiven Konzepte ist.

Ihm zufolge verhalten sich Menschen wie Amateurwissenschaftler, die versuchen, Informationen zusammenzufügen, um das Verhalten anderer zu verstehen, bis sie eine plausible Erklärung finden. Der Zweck eines Ursachensuchers besteht darin, die Tendenzen zu eruieren, auf denen die beobachteten Ergebnisse beruhen, also bleibende Merkmale wie Fähigkeiten oder Persönlichkeitsmerkmale.

Wie Wissenschaftler nutzen sie Kausalanalysen, um ihre Welt zu verstehen.

Im Prinzip gibt es in dieser naiven Verhaltensanalyse zwei Dimensionen, nämlich die persönlichen Kräfte und Umweltkräfte.[36]

---

[33] Vgl. *Gollwitzer/Schmitt* (2009), S. 101-102.
[34] Vgl. *Greitemeyer* (2012), S. 59 -60.
[35] Vgl. *Piontkowski* (2011), S. 20.
[36] Vgl. *Stroebe et al.* (2003), S. 217.

Im Folgenden wird die Handlungsanalyse nach Heider präsentiert.

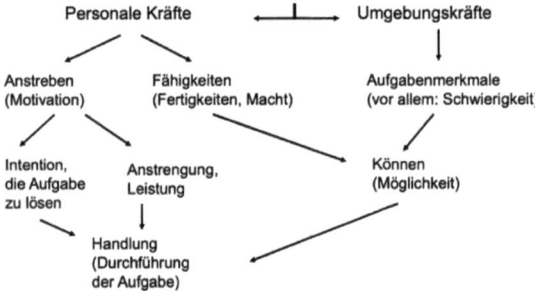

Abbildung 1: Handlungsanalyse von Heider
Quelle: (Piontkowski, S. 21).

Personale Kräfte lassen sich voneinander durch die Motivation, die Bereitschaft einer Person, ein Ziel zu erreichen und durch menschliche Fähigkeiten (sowohl körperliche als auch geistige) differenzieren. Diese beiden Faktoren hängen kausal miteinander zusammen und sind auf den Akteur zurückzuführen.[37]

Dies lässt sich am Beispiel eines Bootsfahrers veranschaulichen, der einen See überquert. Den See schnell und ohne großen Aufwand zu überqueren, ist als Fähigkeit zu erachten, während sein Einsatz seine Motivation darstellt. Die Gründe für die Umgebungskräfte liegen in der äußeren Umgebung einer Situation.[38]

6.1 Attributionstheorie nach Kelley

Die Kovarianztheorie von Harold H. Kelley knüpfte an die Theorie von Heider an und lieferte eine allgemeinere Erklärung dafür, wie Menschen verschiedene mögliche Ursachen eines beobachteten Verhaltens oder einer beobachteten Erfahrung abwägen. In all diesen Fällen reagiert der Akteur in einer bestimmten Situation auf eine bestimmte Weise auf das Objekt.

Der Beobachter möchte wissen, ob das Geschehene durch eine Eigenschaft des Akteurs, eine Eigenschaft des Objekts oder einen Aspekt der Situation (oder eine Kombination dieser drei Faktoren) verursacht wurde.

---

[37] Vgl. *Gollwitzer/Schmitt* (2009), S. 103-104.
[38] Vgl. *Bierhoff* (2006), S. 302.

Beobachter tun dies, indem sie laut Kelley systematisch zusätzliche Daten sammeln und verarbeiten. Das Ziel besteht darin, herauszufinden, welche Faktoren vorhanden sein müssen, um eine Wirkung zu erzielen.[39]

Nach Kelley wird die Interpretation menschlichen Verhaltens von drei Dimensionen beeinflusst:

- Distinktheitsinformationen: Sie differenziert, ob das Verhalten nur in bestimmten Situationen gezeigt wird oder in unterschiedlichen Situationen.
- Konsensusangaben: Sie beziehen sich darauf, ob andere Personen in einer bestimmten Situation das gleiche Verhalten zeigen. Es stellt sich also die Frage, ob die Auswirkungen von Person zu Person unterschiedlich sind oder ob es anderen auch passiert.
- Konsistente Angaben: Sie gibt an, ob ein Verhalten in einer bestimmten Situation nur einmal auftritt (geringe Konsistenz) oder wiederkehrend ist.[40]

6.2 Verzerrungen im Attributionsprozess

Menschen neigen dazu, das Verhalten der Mitmenschen im Hinblick auf ihre Persönlichkeitsmerkmale zu interpretieren – auch wenn sich dies anhand situativer Umstände durchaus erklären lässt. Das heißt, sie beobachten das Verhalten einer anderen Person in einer bestimmten Situation (mit relativ wenig Informationen) und haben dann – schnell (und zu Unrecht) – den Eindruck, dass eine gute Gesamteinschätzung abgegeben wurde. Dabei werden oftmals kühne Schlussfolgerungen über Dinge getroffen, ohne Kenntnisse darüber zu besitzen.[41]

Menschen verlassen sich stattdessen oft auf Vorwissen, ihre Erfahrungen oder Vermutungen über Zusammenhänge oder haben gelernt, wie man Zuschreibungen macht. Dies macht den Zuordnungsprozess anfällig für Fehler und Verzerrungen. Unter diesen Attributionsverzerrungen werden diverse Ursachen unter bestimmten Bedingungen mehr eingeschätzt als andere.[42]

---

[39] Vgl. *Jonas et al.* (2014), S. 75.
[40] Vgl. *Greitemeyer* (2012), S. 62.
[41] Vgl. *Münschner/Hormuth* (2013), S. 89-90.
[42] Vgl. *Orth/Koch* (2017), S. 83.

6.3 Fundamentaler Attributionsfehler

Fundamentale Attributionsfehler stellen die Tendenz von Menschen dar, bei der Suche nach der Ursache einer Handlung oder eines Ergebnisses gleichzeitig Charakterfaktoren überzubetonen (der Person die Schuld beispielsweise zu geben) und Situationsfaktoren zu unterschätzen (der Situation die Schuld zu geben).[43]

Es existieren mehrere Erklärungen für diesen Zuordnungsfehler. Situative Einflüsse sind oft so subtil oder schwer zu fassen, dass sie oftmals nicht im Bewusstsein verankert sind. Die Wahrnehmung und damit die Einschätzung einer Situation wird oft von der Hervorhebung (Salience) eines Reizes beeinflusst.

So wird beispielsweise der Anteil von Reden in einer Gruppe, etwa von Personen, die auffällige Kleidung tragen oder eine andere Hautfarbe haben, höher und bedeutsamer eingeschätzt als der Anteil anderer – sowohl im positiven als auch im negativen Sinne.[44]

Die American Rifle Association verwendet gerne diesen Satz: „Waffen töten keine Menschen, Menschen töten Menschen."[45]

Offensichtlich sollte damit gezeigt werden, dass es die beteiligten Personen und nicht die Waffen waren, die sich für den Tod von Menschen verantwortlich zeichneten. So gesehen ist dieser Satz ein schönes, wenn auch tragisches Beispiel für die Zuschreibung grundlegender Fehler. Das Vorhandensein und die Verfügbarkeit von Schusswaffen ist ein situativer Faktor, der nicht ignoriert werden darf.[46]

Es geht daraus hervor, dass bei dieser Verzerrung die Tendenz darin besteht, Menschen und ihren Charakteren (persönlich oder innerlich) Verhaltensweisen zuzuschreiben, und nicht situativen Faktoren oder Umwelteinflüssen – auch wenn es offensichtlich ist.[47]

6.4 Ein Self-serving Bias

Ein Self-serving Bias (selbstwertdienliche Attributionsverzerrung) kann dazu führen, dass Menschen Anerkennung für den Erfolg akzeptieren, während sie die Verantwortung für das Scheitern leugnen oder versuchen, dieses auf andere Weise zu erklären.[48]

Das heißt, Menschen schreiben ihre Erfolge eher inneren Persönlichkeiten wie beispielsweise Fähigkeiten zu, während das Scheitern so erklärt wird, dass es eher auf situative Besonderheiten wie den Schwierigkeitsgrad der Aufgabe oder Pech zurückzuführen ist.

---

[43] Vgl. *Stroebe et al.* (1990), S. 128.
[44] Vgl. *Orth/Koch* (2017), S. 83.
[45] *Felser* (2015), S. 211.
[46] Vgl. *Felser* (2015), S. 211.
[47] Vgl. *Städler* (1998), S. 79.
[48] Vgl. *Zimbardo/Gerrig* (2008), S. 640.

Der Zweck dieser Verzerrung besteht darin, das Selbstwertgefühl einer Person zu erhalten oder zu steigern. Dabei handelt es sich um zwei Arten von Verzerrungen, die eine ist selbstverstärkend (die Verantwortung für Erfolg beanspruchen) und die andere schützend (Verleugnung der Verantwortung für Misserfolg).

Diese Verzerrung geht auf kognitive und motivationale Faktoren zurück, und variiert je nachdem, ob es sich um eine öffentliche oder private Situation handelt.[49]

So haben Untersuchungen auch gezeigt, dass Schüler dazu neigen, gute Noten ihren eigenen Bemühungen und schlechte Noten externen Faktoren zuzuschreiben. Sogar unter Professoren zeigt sich das gleiche Muster – sie schreiben die Erfolge ihrer Studenten sich selbst zu, während sie Misserfolge ignorieren.[50]

Bezogen auf Bewerbungsgespräche lassen sich solche Attributionsverzerrungen sehr gut beobachten. Bewerber schreiben den Erfolg eines guten Bewerbungsgesprächs bzw. dass sie die Jobposition erhalten, oft den eigenen beruflichen Fähigkeiten und Kenntnissen zu, während Bewerber das Scheitern eher mit äußeren Umständen wie Zeitmangel oder Pech begründen. Ferner lässt sich auch ein solches Verhalten bei Arbeitgebern beobachten. Wenn der Mitarbeiter nach ein oder zwei Jahren einen so enorm negativen Eindruck hinterlässt, dass eine Reaktion erforderlich ist, wird die verantwortliche Person die Ursache der Unzufriedenheit nicht bei sich selbst suchen, sondern bei anderen oder sie schreibt die Ursache der Inkompetenz des Mitarbeiters zu. Durch die Zuschreibung solcher Gründe schützen die Verantwortlichen ihr eigenes Selbstwertgefühl und verstärken leider auch Schwächen in ihrem Auswahlprozess.[51]

6.5 Unterschied zwischen Handelndem und Beobachter (actor-observer difference)

Beim Unterschied zwischen dem Handelndem und Beobachter (Selbst-Andere-Unterschied) werden die Zuschreibungen, die Menschen über andere machen, mit den Zuschreibungen, die sie über sich selbst machen, verglichen.

Das heißt, Menschen neigen im Allgemeinen dazu, Situationen zu verwenden, um ihr eigenes Verhalten zu erklären, aber häufiger deren Persönlichkeit verwenden, um das Verhalten anderer zu erklären.[52]

---

[49] Vgl. *Stroebe et al.* (2003), S. 235.
[50] Vgl. *Zimbardo/Gerrig* (2008), S. 640.
[51] Vgl. *Kanning* (2015), S. 143-144.
[52] Vgl. *Jonas et al.* (2014), S. 94.

Watson (1982) gibt einen umfassenden Überblick über Attributionsunterschiede zwischen Akteuren und Beobachtern und zeigt dabei zwei grundlegende Erklärungen für diesen Effekt. Erstens entstehen Attributionsunterschiede über sich selbst und über andere aufgrund der Fülle an Informationen, die für die Selbsteinschätzung zur Verfügung stehen. Menschen wissen sicherlich mehr über das eigene vergangene Verhalten und wie es sich in verschiedenen Situationen verändert hat, als sie über andere wissen. Die zweite, interessantere Erklärung lautet, dass der Unterschied zwischen dem Akteur und dem Beobachter durch den Fokus der Aufmerksamkeit erklärt werden kann. Zusammengefasst stellt der actor-observer difference die These auf, dass Akteure ihr Verhalten situativen Faktoren zuschreiben, während Beobachter dazu tendieren, dasselbe Verhalten stabilen Persönlichkeitsmerkmalen zuzuschreiben.[53]

6.6 Confirmation Bias

Der Confirmation Bias oder Bestätigungsverzerrung besagt, dass Menschen dazu neigen, die Bestätigung ihrer Überzeugungen auf verzerrte Art und Weise zu suchen. Personalverantwortliche, die von besonderen diagnostischen Fähigkeiten überzeugt sind, haben kein Interesse daran, sich selbst zu hinterfragen. Erfährt man beispielsweise zwei Wochen nach einer Stellenbesetzung, dass es einem neuen Mitarbeiter gut geht, stärkt das den Glauben an die eigene Professionalität. Wenn der Vorgesetzte des neuen Mitarbeiters misstrauisch wird, wird er vertröstet und es werden Aussagen getätigt, dass intelligente Entscheidungen eben Zeit brauchen, damit sie für jedermann ersichtlich werden können.[54]

6.7 Zusammenfassung

Die Forschung zu Attributionsfehlern zeigt deutlich, dass es eine systematische Verzerrung bei der Bewertung anderer gibt. Menschen sind davon überzeugt, die Persönlichkeit eines Kollegen oder Geschäftspartners mit hoher Sicherheit einschätzen zu können, obwohl sie eigentlich nur über eine sehr unzureichende Beobachtungsgrundlage verfügen. Ohne genau zu wissen, wie, haben Menschen ein Gefühl oder einen Eindruck davon, was für ein Mensch sein Gegenüber ist. Dabei kann leicht der Eindruck erweckt

---

[53] Vgl. *Stroebe et al.* (2003), S. 231-234.
[54] Vgl. *Kanning* (2015), S. 144.

werden, dass Menschen sehr positiv mit ihren Bewertungen umgehen – obwohl sie eigentlich keine solide Grundlage für Bewertungen besitzen.[55]

Diese Urteilsverzerrung bedeutet nicht zwangsläufig, dass jede Personalauswahlentscheidung komplett falsch ist. Allerdings erhöht sie die Wahrscheinlichkeit, dass einzelne Bewerber oder ganze Bewerbergruppen über- oder unterschätzt werden.

Dabei sind die Folgen vielfältig. So ist einer der Missstände für Fehleinschätzungen das nahezu blinde Selbstvertrauen vieler Entscheidungsträger.

Die Verantwortlichen vertrauen ihrer Menschenkenntnis, ihrer Intuition, ihrer Erfahrung oder wie auch immer die intuitiven Urteile interpretiert werden.

Insbesondere, wenn sie schon einige Jahre tätig sind, neigen viele deutlich dazu, sich und ihre Meinung nicht mehr zu hinterfragen.

Aus psychologischer Sicht ist das blinde Vertrauen auf das eigene Urteil eine nachvollziehbare menschliche Illusion. Schlechte Auswahlentscheidungen gibt es nicht nur dann, wenn ein neuer Mitarbeiter wieder entlassen werden muss – es ist nur das Worst-Case-Szenario. Wenn beispielsweise ein Bewerber eingestellt wird, der zu zehn Prozent schlechter abschneidet als seine nicht eingestellten Konkurrenten, wurde eine suboptimale bzw. falsche Entscheidung getroffen. Insgesamt sollten sich Unternehmensverantwortliche mit dieser Thematik auseinandersetzen und eine kritische Haltung den eigenen Urteilen gegenüber einnehmen und sich von der Allmachtsillusion der Menschenkenntnisse verabschieden. Schließlich kann ein schlechter Auswahlprozess Jahrzehnte in Anspruch nehmen.[56]

---

[55] Vgl. *Münschner/Hormuth* (2013), S. 91-92.
[56] Vgl. *Kanning* (2015), S. 142-144.

7 Abmildernde Maßnahmen für Fehlereinschätzungen

Zu viele Bewerber werden nicht ausgewählt, weil sie für die jeweilige Aufgabe besonders geeignet sind, sondern weil sie beispielsweise der Führungskraft gefallen. So folgt die Auswahl nicht dem Rationalitätsprinzip.[57]

Der Strukturierungsgrad vieler Unternehmen bezüglich ihrer Personalauswahlpraxis ist sehr gering, was den Entscheidungsträgern viel Spielraum lässt, um sich einen subjektiven Eindruck von den Eigenschaften der Kandidaten zu verschaffen. Diese immense Freiheit, die der Verantwortliche hier gewährt, öffnet systematischen Fehleinschätzungen Tür und Tor, wie etwa dem beschriebenen Halo-Effekt.

Entsprechende Effekte wurden mehrfach nachgewiesen und können beispielsweise bis hin zu der Überschätzung gut aussehender Menschen reichen.

Das viel gepriesene „Bauchgefühl" ist offensichtlich ein schlechter Indikator, wenn es darum geht, die Eignung eines Bewerbers für eine Stelle zu beurteilen.[58]

7.1 Personaldiagnostische Verfahren

Im beruflichen Kontext können Urteilsverzerrungen von großer Relevanz sein, beispielsweise wenn Kundenbedürfnisse falsch eingeschätzt oder bestimmte Mitarbeiter von Vorgesetzten aufgrund von Stereotypen abgewertet werden.

Um dem entgegenzuwirken, wird mittels Personaldiagnostik versucht, die Eignung einer Person für eine Stelle zu ermitteln und darauf aufbauend fundierte Personalentscheidungen zu treffen. Der Fokus sollte auf der optimalen Passform liegen, um kostspielige Fehlquotierungen zu vermeiden.[59]

Konstruktionsorientierte Methoden zielen darauf ab, Eigenschaften von potenziellen Arbeitnehmern wie beispielsweise die allgemeine Intelligenz oder Persönlichkeitsmerkmale zu identifizieren. Als Verfahrensweisen können Tests wie Persönlichkeits- und Intelligenztests eingesetzt werden.

Bei simulationsorientierten Auswahlverfahren werden die Kandidaten mit Fragen oder Aufgaben konfrontiert, die weitgehend den später auszuführenden Tätigkeiten entsprechen. In diesem Fall ist der Auswahlprozess also eine Simulation der späteren Arbeitstätigkeit.

---

[57] Vgl. *Kanning* (2019), S. 321.
[58] Vgl. *Krause* (2017), S. 273.
[59] Vgl. *Werkmann-Karcher/Rietiker* (2010), S. 219.

Ein solcher Ansatz könnte bei der Besetzung einer Stelle als Sekretärin so aussehen, dass Bewerber einen Serienbrief auf dem Computer erstellen müssen. Je kürzer die Bearbeitungszeit und je kleiner die Anzahl der Fehler, desto besser schneidet die Person im Auswahlverfahren ab.[60]

Während Konstruktionstests psychologische Tendenzen erfassen, simulieren simulationsorientierte Programme berufliche Verhaltensweisen direkt, auch im Rahmen der Personalauswahl. Dies hat den Vorteil einer hohen Ähnlichkeit zwischen Prädiktoren und Kriterien und einem auch für Laien offensichtlichen fachlichen Bezug.[61]

Die Prinzipien biografieorientierter Methoden sind, dass vergangenes Verhalten zukünftiges Verhalten vorhersagt und spätere berufliche Ereignisse und Leistungen prognostiziert werden können. Die Zukunft ist dann umso plausibler, je ähnlicher sie in der Vergangenheit war. In diesem Kontext werden Bewerbungsunterlagen, biografische Fragebögen oder auch Bewerbungsgespräche durchgeführt. Die vorgeschlagenen Methoden sollen am besten für die Personenauswahl kombiniert werden, da sie einen breiten Bereich relevanter Merkmale hervorheben.[62]

7.2 Güterkriterien personaldiagnostischer Verfahren

Der Hauptzweck der vorgestellten beruflichen Personaldiagnostik ist die Prognose arbeitsbezogenen Verhaltens. Damit diese Verfahren optimal eingesetzt werden können, sind folgende Kriterien von hoher Relevanz:

- Objektivität
- Validität
- Reliabilität
- Normierung
- Fairness
- Wirtschaftlichkeit

Objektivität als Qualitätskriterium ergibt sich, sobald die bewerteten Einzelergebnisse von einer Person unabhängig davon sind, wer das Auswahltool verwaltet, beobachtet, interpretiert, auswertet oder auch das Interview führt.
Objektivität kann durch Standardisierung der Durchführungsbedingungen erreicht werden.

---

[60] Vgl. *Nerdinger* et. al. (2019), S. 274.
[61] Vgl. *Marcus* (2011), S. 57-58.
[62] Vgl. *Nerdinger* et. al. (2019), S. 274-275.

Ferner kann sie auch durch Auswertungsmodalitäten und eindeutigen Interpretationsregeln optimiert werden. Aus psychologischer Perspektive gibt es neben der Objektivität auch noch eine zweite Bedeutung von objektiven Tests. Ein diagnostisches Verfahren besitzt Objektivität, sobald die teilnehmenden Personen nicht sehen können, was gemessen werden sollte.[63]

Reliabilität (Zuverlässigkeit) definiert die Genauigkeit eines Messversfahrens. Hierbei wird davon ausgegangen, dass es bei jeder Messung unvermeidliche Messfehler gibt. So ergibt sich der gemessene Wert aus dem Zusammenhang des wahren Wertes und einem Messfehler.[64]

Die Validität (Gültigkeit) beschreibt das Ausmaß, bei dem ein Test das messen soll, was es auch tatsächlich zu messen vorgibt. Der Begriff Validität bezieht sich nicht auf das Tool selbst, sondern auf die Schlussfolgerungen, die aus den Erkenntnissen gezogen werden können.

Dies hängt jedoch vom Verwendungszweck des Instruments ab.[65]

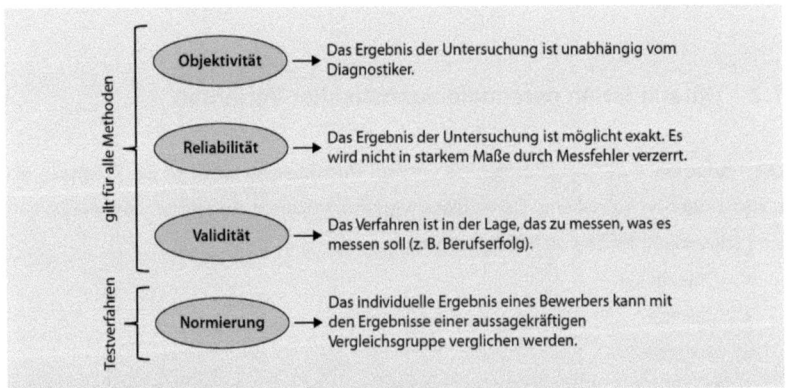

Abbildung 2: Kriterien für diagnostische Verfahren
Quelle: (Kanning, S. 119).

Während Objektivität, Zuverlässigkeit und Gültigkeit allgemeine Gütekriterien darstellen, die für jede Methode der Personalauswahl, das heißt, auch zur Einsicht in die Bewerbungsunterlagen von erheblicher Relevanz sind, bezieht sich das Kriterium Normierung nur auf das Testverfahren. Normierung wird realisiert, wenn das Ergebnis des Einzeltests eines Bewerbers mit einer großen Gruppe von anderen Menschen verglichen werden kann, die sogenannte normalisierte Stichprobe.

---

[63] Vgl. *Nerdinger* et. al. (2019), S. 280-281.
[64] Vgl. *Felser* (2015), S. 267.
[65] Vgl. *Böhler (2011)*, S. 35.

Der bekannteste Standard ist der Intelligenzquotient.

Dabei sollten Normwerte aus anderen Ländern oder Normwerte, die ein Alter von zehn oder zwanzig Jahre übersteigen, nicht herangezogen werden.[66]

Als ein weiterer Qualitätsstandard ist die Testfairness zu erachten. Sie bezieht sich darauf, dass Diskriminierung im Rahmen des Verfahrens ausgeschlossen werden kann. Ferner sollte auf die Wirtschaftlichkeit eines Tests geachtet werden, wobei sie als sekundäres Kriterium zu werten ist. Die Wirtschaftlichkeit des Tests gibt Aufschluss darüber, ob der Aufwand im Verhältnis zum Nutzen des Verfahrens steht und ob die Ergebnisse einen Mehrwert bieten.[67]

Die Qualitätskriterien sind zu einem Zeichen qualitätsorientierter Personalentscheidungen geworden, die nicht nur die Testung von Theorien und Methodenbeschränken, sondern auch Kriterien wie Wirtschaftlichkeit oder eine faire Testdurchführung beinhalten. So wird auch auf eine hohe Qualität mit der Einhaltung gesetzlicher Vorschriften sowie auf ein respektvolles Verhalten gegenüber Bewerbern geachtet.[68]

7.3 Beobachtertrainings

Es ist allgemein bekannt, dass der Erfolg eines Unternehmens maßgeblich von der Art der Mitarbeiter bestimmt wird, die das Unternehmen beschäftigt.

Das bedeutet also, dass die Personalauswahl darauf ausgerichtet sein muss, diejenigen auf sich aufmerksam zu machen, deren Leistung möglichst viel zum Unternehmenserfolg beiträgt.[69]

Daher muss es bei der Personalauswahl darum gehen, Personen mit hoher Leistungsfähigkeit für das Unternehmen auszuwählen und zu rekrutieren.[70]

Damit die vakante Stelle mit einem optimalen Arbeitnehmer besetzt wird, können Beobachtertrainings mit den Verantwortlichen durchgeführt werden. Für eine genaue und faire Bewertung des Verhaltens und der Leistung der Teilnehmer ist es entscheidend, dass zunächst nur beobachtetes Verhalten unvoreingenommen aufgezeichnet wird. Dabei soll die Rolle der Beobachter in der Übung definiert werden, ob sie nur beispielsweise beobachten oder bewerten sollen.

Während der Übung sollte sich der Beobachter nur auf eine Aufgabe konzentrieren. Eine Trennung von Beobachtung und Bewertung sollte strikt eingehalten werden.

---

[66] Vgl. *Kanning* (2019), S. 120.
[67] Vgl. *Nerdinger* et. al. (2019), S. 282.
[68] Vgl. *Treier* (2019), S. 136.
[69] Vgl. *Lohaus/Habermann* (2013), S. 31.
[70] Vgl. *Kanning* (2015), S. 4.

Mit einer solchen Trennung korrelieren essenzielle Vorteile: So wird der Beobachter während des Übungsprozesses nicht überfordert, wenn er beobachten, Notizen machen und gleichzeitig entscheiden muss. Ferner ist das Risiko geringer als bei frühen Eindrücken, Beobachtungen und Einschätzungen des späteren Verhaltens während der Übung im Hinblick auf Beurteilungsfehler.

Im Anschluss sollten Beobachter ohne vorherige Diskussion eine abschließende Beurteilung der Leistung und deren Beurteilung anhand voneinander unabhängiger Bewertungsskalen vornehmen.[71]

---

[71] Vgl. *Lohaus/Habermann* (2013), S. 205-209

8 Fazit

Die Personalauswahl stellt eines der schwierigsten Themen für den Erfolg eines Unternehmens dar, da es sich um eine Investition in Humankapital und damit um einen entscheidenden Wettbewerbsfaktor handelt. Gerade für kleine und mittelständische Betriebe ist die Auswahl des Personals essenziell, denn weniger Mitarbeiter bedeutet auch, dass jeder falsch eingestellte Mitarbeiter den Unternehmenserfolg schmälern kann. In jedem Fall entstehen konkrete Verluste durch eine Minderleistung des Betroffenen.[72] In der Praxis besitzen zahlreiche Unternehmen einen geringen Grad an Struktur bei der Personalbeschaffung, bei denen Entscheidungsträgern viel Freiheit gelassen werden und oftmals eine subjektive Beurteilung erfolgt. Diese großen Freiheiten bieten systematischen Fehlerquellen einen Nährboden, wie etwa dem Halo-Effekt oder dem Einfluss sozialer Stereotypen. Sie reichen von der Überbewertung gut aussehender Menschen bis hin zu positiverer Beurteilung eines Bewerbers, da sie eine Ähnlichkeit mit dem Verantwortlichen besitzen und dadurch Empathie und Vertrauen gefördert werden. Sofern unter den Verantwortlichen unreflektierte Heuristiken bei der Personalbeurteilung betrieben werden, ist mit einer systemischen Diskriminierung bestimmter Personengruppen zu kalkulieren.[73]

Eine professionelle Eignungsdiagnostik kann dem entgegenwirken. Sie beschäftigt sich mit den beruflichen Anforderungen einerseits und andererseits mit der Identifizierung und Messung von persönlichen Merkmalen, die mit dem beruflichen Erfolg verbunden sind. Dabei zielt die Bestrebung darauf ab, eine Passung zwischen der Person und der jeweiligen Tätigkeit zu finden, von der alle Beteiligten profitieren können.[74]

Hierbei sollten auch auf die Qualitätsaspekte wie Reliabilität, Validität und andere Indikatoren wie Testfairness geachtet werden. Die positive Wirkung der Güterkriterien bei der Personalauswahl konnte in vielen Studien empirisch nachgewiesen werden. Schließlich für der positive Einfluss auf die diagnostische Qualität des Personalauswahlprozesses auch zu einem größeren finanziellen Nutzen den Unternehmen erzielen können.[75] Denn Abgangskosten von falsch ausgewählten Bewerbern sind hoch und vor allem ist die Situation nur schwer schnell zu lösen und kann sich negativ auf das Engagement anderer Mitarbeiter auswirken.[76]

---

[72] Vgl. *Kings* (2017), S. 5.
[73] Vgl. *Krause* (2017), S.275-277.
[74] Vgl. *Lorenz/Rohrschneider* (2015), S. 113-114.
[75] Vgl. *Krause* (2017), S.68.
[76] Vgl. *Kings* (2017), S. 6.

9 Literaturverzeichnis

Bierhoff, H. W. (2006), Sozialpsychologie. Ein Lehrbuch, 6. Aufl., Stuttgart.

Böhler, M. (2011), Entwicklungspotenziale der Personalberatung. Ansätze aus der systemischen Organisationsentwicklung und Beratung, 1. Aufl., Wiesbaden.

Dreas, S. A. (2019), Diversity Management in Organisationen der Sozialwirtschaft. Eine Einführung, 1. Aufl., Wiesbaden.

Felser, G. (2015), Werbe- und Konsumentenpsychologie, 4. Aufl., Heidelberg.

Fischer, P./Asal, K./Krueger, J. (2013), Sozialpsychologie für Bachelor Lesen, Hören, Lernen im Web, 1. Aufl., Ravensburg.

Fiske, S. T. (2014) Social Beings Core Motives in Social Psychology. 3. Aufl., Princeton.

Greitemeyer, T. (2012), Sozialpsychologie, 1. Aufl., Stuttgart.

Jonas, K./Stroebe, W./Hewstone, M. (2016), Sozialpsychologie, 6. Aufl., Heidelberg.

Kanning, P. U. (2015), Personalauswahl zwischen Anspruch und Wirklichkeit. Eine wirtschaftspsychologische Analyse, 1. Aufl., Heidelberg.

Kanning, P. U. (2019), Managementfehler und Managerscheitern, 1. Aufl., Berlin.

Kessler, T./Fritsche, I. (2018), Sozialpsychologie, 1. Aufl., Wiesbaden.

Kings, T. (2017), Erfolgsfaktoren effektiver Personalauswahl, 1. Aufl., Wiesbaden.

Kitzman, A. (2009), Massenpsychologie und Börse. So bestimmen Erwartungen und Gefühle Kursverläufe, 1. Aufl., Wiesbaden.

Krause, D. E. (2017), Personalauswahl. Die wichtigsten diagnostischen Verfahren für das Human Resources Management. 1. Aufl., Wiesbaden.

Knecht, S. (2016), Personalgewinnung in Zeiten des Fachkräftemangels. Quereinsteiger als potenzielle Kandidaten entdecken, 2. Aufl., Wiesbaden.

Lippmann, E./Pfister, A./Jörg, U. (2019), Handbuch Angewandte Psychologie für Führungskräfte. Führungskompetenz und Führungswissen, 5. Aufl., Berlin.

Lohaus, D./Habermann, W. (2013), Personalauswahl im Mittelstand. Nicht die Besten sind die Besten, sondern die Geeignetsten, 1. Aufl., München.

Lorenz, M./Rohrschneider, U. (2015), Erfolgreiche Personalauswahl. Sicher, schnell und durchdacht, 2. Aufl., Wiesbaden.

Marcus, B. (2011), Personalpsychologie. Basiswissen Psychologie, 1. Aufl., Wiesbaden.

Möller, S. (2013), Erfolgreiche Teamleitung in der Pflege, 1. Aufl., Heidelberg.

Münscher, R./Hormuth, J. (2013), Vertrauensfallen im internationalen Management. Hintergründe – Beispiele – Strategien, 1. Aufl., Heidelberg.

Nerdinger, F. W./Blickle, G./ Schaper, N. (2019), Arbeits- und Organisationspsychologie, 4. Aufl., Berlin.

Orth, H./Koch, A./Kunnig, A. (2017), Sozialpsychologie, 3. Aufl., Studienbrief der SRH Fernhochschule, Riedlingen.

Piontkowski, U. (2011), Sozialpsychologie. Eine Einführung in die Psychologie sozialer Interaktion, 1. Aufl., München.

Rosner, L. (1996), Menschenkenntnis für Führungskräfte. Die 42 wichtigsten Persönlichkeitstypen, 1. Aufl., Wiesbaden.

Stanjek, K. (2020), Altenpflege konkret. Sozialwissenschaften, 7. Aufl., München.

Städtler, T. (1998), Lexikon der Psychologie. Wörterbuch. Handbuch. Studienbuch, 1. Aufl., Stuttgart.

Steiger, T./Lippmann, E. (2013), Handbuch Angewandte Psychologie für Führungskräfte. Führungskompetenz und Führungswissen, 4. Aufl., Heidelberg.

Stroebe, W./Jonas, K./Hewstone, M. (2003), Sozialpsychologie Eine Einführung, 1. Aufl., Oldenburg.

Stroebe. W./Hewstone, M./Codol, J.P./Stephenson, G.M. (1990), Sozialpsychologie. Eine Einführung, 1. Aufl., Heidelberg.

Treier, M. (2019), Wirtschaftspsychologische Grundlagen für Personalmanagement. Fach- und Lehrbuch zur modernen Personalarbeit, 1. Aufl., Berlin.

Werth, L./Seibt, B./Mayer, J. (2020), Sozialpsychologie – Der Mensch in sozialen Beziehungen. Interpersonale und Intergruppenprozesse, 2. Aufl., Köln.

Wien, A./Franzke, N. (2013), Systematische Personalentwicklung. 18 Strategien zur Implementierung eines erfolgreichen Personalentwicklungskonzepts, 1. Aufl., Wiesbaden.

Zimbardo, P. G./Gerrig R. J. (2008), Psychologie, 18. Aufl., München.

Werkmann-Karcher, B./Rietiker. J. (2010), Angewandte Psychologie für das Human Resource Management. Konzepte und Instrumente für ein wirkungsvolles Personalmanagement, 1. Aufl., Heidelberg.